AF369659

TRAITE'
ET
CONVENTIONS

Pour les Malades, Blessés & Prisonniers de Guerre des Troupes Auxiliaires de Sa Majesté trés Chrêtienne, & celles des Alliez.

NOUS

Henri François Comte de Segur, Lieutenant General ez Armées du Roy; Gouverneur du Pays de Foix; Lieutenant General de Champagne & Brie, Inspecteur General de la Cavalerie & des Dragons   Et

Charles Vrbain Comte de Chanclos, Chambellan, Gouverneur d'Ostende, & General Feld-Marechal-Lieutenant dans les Troupes Autrichiennes.   Et

Michel Ferdinand d'Albert d'Ailly, Duc de Picquigny, Pair de France, Lieutenant de la Compagnie des Chevaux-Legers de la Garde du Roy; Marechal de Camp ès Armées de Sa Majesté, Gouverneur des Villes & Citadelle d'Amiens & Corbie &c. &c. &c.

Guillaume Anne Comte d'Albemarle, Pair de la Grande Bretagne, Marechal de Camp; Capitaine d'une Compagnie des Gardes du Corps du Roy; Gentilhomme de la Chambre de Sa Majesté, Gouverneur de la Virginie, & Chevalier de l'Ordre du Bain &c. &c. &c.

Au Nom de Sa Majesté trés Chrêtienne nôtre Maître. En vertu du plein pouvoir qui nous à esté donné.   Et

Au Nom de Sa Majesté le Roy de la Grande Bretagne, En vertu du plein pouvoir qui nous à esté donné.

A   Sçavoir

Sçavoir faisons, que nous sommes convenus des Articles cy-après enoncés, pour avoir leur pleine valeur, & entiere execution, à commencer depuis le 15. du Mois de Juin de la presente année, entre les Armées Belligerantes & Auxiliaires, aux environs du Rhin & du Mayn, & à l'avenir dans quelque païs qu'elles se portent, & en avons passé le Traité en vertu des pleins pouvoirs respectivement communiqués, ainsi qu'il s'ensuit.

ARTICLE PREMIER.

TOUS les Prisonniers de Guerre de quelque Nation & Condition qu'ils Puissent estre, sans aucune reserve, qui ont esté faits entre les Armées Belligerantes & Auxiliaires, depuis le 15. Juin de la presente année, aux environs du Mayn & du Rhin, ou qui le feront à l'avenir dans quelque pays qu'elles se portent, feront échangés ou rançonnés dans l'espace d'un Mois, à commencer du jour de la signature de ce present Cartel, ainsi qu'il fera plus amplement expliqué dans l'Article XXXIX. Et Messieurs les Generaux respectifs des Armées Belligerantes & Auxiliaires, conviendront entr-Eux de l'endroit ou se fera reciproquement le premier échange & rançon des Prisonniers qu'on se rendra de part & d'autre.

II.

TOUS Prisonniers de Guerre de quelque Nation & Condition qu'ils puissent estre, sans aucune reserve, qui seront faits de part & d'autre, après le premier échange ou rançon, par les Armées ou Garnisons des parties Belligerantes & Auxiliaires, soit en Batailles, Combats, Prises de Places, Partis ou autrement, seront rendus de bonne foy, 15. Jours aprés leur detention, ou aussi tost que faire se pourra, par échange de Prisonniers de pareilles Charges ou E'quivalence, ou autres, en faisant compensation du plus au moins, ou payeront leurs rançons sur le pied qu'elles seront ci-aprés marquées; Sçavoir en Florins d'Allemagne, à compter à soixante Kreutzers de de part & d'autre, ou de deux Livres dix Sols Argent de France.

III.

III.

IL fera tenu un Livre des Prifonniers faits dans les Armées Belligerantes & Auxiliaires, dans le quel il fera marqué le nombre qui
fera renvoyé de part & d'autre dans chaque Mois, afin qu'au premier
du fuivant, il foit envoyé de chaque côté un Eftat de ce qui aura efté
reçû & rendu, pour que huit jours aprés ils foit payé exactement &
fans difficulté, le nombre excedent qu'un party devra à l'autre; l'on
comptera auffi des avances qui auront efté faites auxdits Prifonniers,
pour qu'elles foient rembourfées en même tems, & que tous comptes
foient arretés, fans qu'ils puiffent eftre portés au Mois fuivant, & au
premier échange ou rançon defdits Prifonniers de part & d'autre, on
fe liquidera de toutes les avances qui leur auront efté faites, fur des
Etats valables qui feront produits.

IV.

TOUTES les fois qu'il fera renvoyé des Prifonniers d'une part
ou d'autre, on y joindra un Etat qui fera remis au Commandant du lieu où ils auront efté conduits, lequel donnera un reçeu de
la quantité & qualité qu'il reçevra, pour eftre comptés chaque mois,
ainfi qu'il eft dit ci-deffus.

V.

ET afin qu'il n'arrive aucune conteftation ni difficulté, tant par
rapport aux poftes & qualités des Officiers de part & d'autre,
que des rançons qui devront eftre payées pour chacun d'eux, il à efté
eftimé à propos d'y fpecifier ci-aprés, les Poftes & Charges qui font
dans les Armées Belligerantes & Auxiliaires, & marquer le prix d'i-
celles.

VI.

CHARGES, & Officiers fervants dans les Armées & Garnifons de Sa Majefté tré Chrêtienne.

	Florins d'Allemagne.
General d'Armée, ou Marechal de France	25000
Capitaine General	20000
Lieutenans Generaux	5000
Grand - Maître d'Artillerie	6000
Marechaux de Camp	1500
Colonel General de la Cavalerie	2000
Colonel Generaldes Dragons	1500
Meftre-de Camp General de la Cavalerie	1500
Meftre-de Camp General des Dragons	1000
Commandant de la Cavalerie	1500
Commiffaire General de la Cavalerie	1000
Un Intendant d'Armée ou de Province	3000
Leurs Subdelegués ou Ordonnateurs des Guerres	250
Le General des Vivres	300
Major General d'Infanterie	500
Marechal General des Logis	500
Marechal General des Logis de la Cavalerie	100
Majors de Brigades, tant de Cavalerie, Dragons, qu'Infanterie	150
Aides - de Camp	150
Trezorier General de l'extraordinaire des Guerres	250
Le principal Commis de l'extraordinaire des Guerres dans chaque Armée	150
Les autres Commis de l'extraordinaire des Guerres	50
Brigadiers de Cavalerie ou de Dragons	900
Brigadiers d'Infanterie	700
Commiffaires des Guerres	150
Infpecteurs d'Infanterie, Cavalerie ou Dragons	150
Principal Commis des Vivres	150
Les autres moindres Commis & Controlleurs des Vivres des Armées & Places	50
Le Capitaine Vaguemeftre	50
Le Capitaine des Guides	50
Les Guides à Ceval de leur Compagnie, feront traités comme la Cavalerie.	

VII.

GENDARMERIE.

Le Brigadier de la Gendarmerie	550.
Le Capitaine des Gardes-du-Corps de Sa Majesté	1000.
Le Capitaine-Lieutenant des Gendarmes de la Garde	1000.
Le Capitaine-Lieutenant des Chevaux-Legers de la Garde	1000.
Les Capitaines-Lieutenants des deux Compagnies de Mousquetaires	1000.
Le Lieutenant de la Garde-du-Corps du Roy	1000.
Le Sous-Lieutenant des Chevaux-Legers de la Garde	1000.
Sous-Lieutenans des deux Compagnies des Mousquetaires	1000.
Les Enseignes des Gardes-du-Corps du Roy	500.
L'Enseigne & Guidon des Gendarmes de la Garde	500.
Les Enseignes & Cornettes des Mousquetaires	500.
Les Cornettes des Chevaux-Legers de la Garde	500.
Le Major des Gardes-du-Corps du Roy.	300.
Les deux Aides-Majors des Gardes-du-Corps du Roy	150.
Le Capitaine des Gardes de Monseigneur le Duc d'Orleans	1000.
Lieutenant des Gardes de Monseigneur le Duc d'Orleans	300.
Les Capitaines-Lieutenans de la Gendarmerie	750.
Les Sous-Lieutenants des Compagnies des Gendarmes	375.
Les Enseignes & Guidons des Compagnies des Gendarmes	250.
Les Capitaines-Lieutenans des Chevaux-Legers de la Gendarmerie	500.
Les Sous-Lieutenans des Chevaux-Legers	250.
Les Cornettes des Chevaux-Legers	150.
Le Major de la Gendarmerie	250.
L'Aide-Major de la Gendarmerie	125.
Les Sous-Aides-Majors de la Gendarmerie	62. ½

Les Exempts des Compagnies des Gardes-du-Corps, & Marechaux-des
Logis de toutes les Compagnies cy-dessus, les Brigadiers, Sous-
Brigadiers, Gardes-du-Corps, Mousquetaires, Gendarmes & autres desdites Compagnies cy-dessus, payeront un Mois de leurs
appointemens.

B

Et

Et à l'egard de la Compagnie des Grenadiers à Cheval de la Maison du Roy, les Officiers & Grenadiers de ladite Compagnie payeront un Mois de leurs Gages.

VIII.

GARDES - FRANCOISES ET SUISSES.

Le Colonel des Gardes-Françoises	1500.
Le Lieutenant-Colonel	750.
Le Major	300.
Les Capitaines	150.

Les Lieutenans, Aides-Majors, Sous-Lieutenans, Enseignes & autres jusques-aux Soldats compris, payeront un Mois de leur Solde. Les Prevôts & Lieutenans des Prevôts, Marechaux-des Logis, & Archers de la Prevôté-des Gardes, payeront un Mois de leur Solde.

Le Colonel General des Suisses	600.
Le Colonel des Gardes-Suisses	300.

Les Capitaines, Lieutenans, & autres Officiers & Soldats des Gardes-Suisses, payeront de même que les Gardes-Françoises.

IX.

INFANTERIE.

Colonel d'Infanterie	600.
Lieutenant-Colonel	300.
Majors	120.
Capitaines	70.
Aides-Majors, ou Adjudants	30.
Lieutenans	24.
Enseignes, ou Sous-Lieutenans	20.
Sergents	10.

Caporaux, Anspessades, Tambours, Fiffres, Hautbois, & Soldats . 4.
Les Prevôts des Regimens, & les Marechaux des Logis, payeront chacun 15.
Les Lieutenans des Prevôts . . . . 5.
Leurs Archers & Greffiers, chacun . . . . . 2.½.
L'Infanterie Etrangere, ou les Regimens des Provinces, ou Milices, fe-
   ront traités commes l'Infanterie Françoise, tant pour l'Officier, que
   pour le Soldat.

X.

CAVALERIE, Carabiniers & Huffards.

Mestre-de Camp, ou Colonel de Cavalerie . . . . 700.
Lieutenant-Colonel . . . . 300.
Major . . . . 150.
Capitaine . . . . 100.
Lieutenant . . . . 40.
Cornettes, ou Lieutenans reformés . . . . 30.
Aide-Major . . . , . . . 40.
Marechal des Logis d'une Compagnie . . . . 14.
Trompettes ou Timbaliers . . . . . 10.
Brigadiers, Cavaliers, Selliers & Marechaux . . . 7.
   Toutes les Troupes Françoises, tant Officiers que Soldats du Ban
   & Arriere-Ban, & de Milices, feront traitées comme la Cavalerie fi
   elles font à Cheval, ou comme l'Infanterie fi elles font à pied.

XI.

DRAGONS.

Le Colonel, Lieutenant-Colonel, Major & Capitaines, payeront leur
   Rançon fur le pied de la Cavalerie; les Officiers au deffous du Capitaine jufques aux fimples Dragons, payeront comme l'Infanterie.

XII.

ARTILLERIE.

Lieutenant General d'Artillerie de France . . . . . 700.
Les Lieutenans, ou Commandants . . . . . 250.
Les Commiſſaires & autres Officiers d'Artillerie, charrons, Ouvriers,
   Bourreliers, Conducteurs, Faiſeurs d'Artifices, Marechaux, Canon-
   niers, payeront un Mois de leur ſolde.

XIII.

BOMBARDIERS ET FUSILIERS.

Le Colonel, Lieûtenant-Colonel des Bombardiers, Fuſiliers, & autres
   Officiers desdis Regimens, feront traités comme l'Infanterie Fran-
   çoiſe.

XIV.

Compagnies des Canoniers & Mineurs.

Les Officiers & Soldats desdites Compagnies payeront un Mois de leur
   Solde.

XV.

INGENIEURS.

Ingenieur General de France . . . . . 150.
Les Ingenieurs en Chef des Armées, Villes & Provinces . . 75.
Tous autres Ingenieurs ſervant dans les Armées ou Garniſons . 50.
Les Entrepreneurs des Fortifications. . . . 25.
Les Piqueurs ou autres employés dans les Fortifications. . . 15.

XVI.

Compagnies Franches de Dragons & d'Infanterie.

Les Officiers en pied & reformés desdites Compagnies, les Dragons &

Soldats qui les compofent, feront echangés d'homme & de Cheval, pour homme de fon efpece; Il en fera ufé de même pour l'Infanterie, & pour leurs rançons. Au defaut d'échange, ils payeront, tant Officiers en pied que reformés, Dragons & Soldats, un Mois de leurs appointemens ou Solde.

XVII.

OFFICIERS & Charges qui font dans les Armées & Garnifons des Alliez.

General - Lieutenant	25000.
Un General - Feld - Marechal qui commande l'Armée en Chef, payera de même	25000.
Autre General Feld - Marechal	15000.
General de la Cavalerie	10000.
General d'Artillerie	6000.
Commiffaire General	3000.
General Feld - Marechal - Lieutenant	5000.
General Wachtmaître	1500.
Commiffaire Colonel	1000.
General Quartier - Maître	500.
General Proviant - Maître	300.
Ober Kriegs - Commiffaire	150.
Hoff - Zahl - Maître	250.
General Kriegs - Zahl - Maître	150.
Ober Quartier - Maître	150.
General - Adjudant	150.
Proviant Obrift - Lieutenant	150.
Proviant Director	150.
Kriegs Commiffarii	50.
Proviant Commiffarii	50.
General Quartier - Maitre - Lieutenant	70.
Proviant Verwalter	40.
Proviant Officier	30.

C

General

General Wagen-Maître	50.
Son Lieutenant	30.
Staabs-Quartier-Maître	50.
Stabs-Quartier-Maître-Lieutenant	25.
Capitaine des Guides	50.

XVIII.

Compagnies des Gardes du Corps, ou Archers à Cheval des Alliez.

Le Capitaine	1000.
Le Lieutenant	1000.
Cornette	500.

Les autres Archers, tant Officiers que Cavaliers, payeront un Mois de leur Solde.

XIX.

Compagnies des Gardes-du-Corps, ou Trabans à pied, des Alliez.

Le Capitaine	150.

Le Lieutenant & autres Officiers, jusqu'aux Trabans ou Soldats, payeront un Mois de leur Solde.

XX.

Cavalerie.

Colonel de Cavalerie	700.
Lieutenant-Colonel	300.
Major	150.
Capitaine	100.
Regiment-Quartier-Maître	40.
Regiment Auditor	40.
Proviant-Maître du Regiment	15.

Wagen-

XXI.

Les Regimens & Troupes de Milices, de Cavalerie des Alliez, feront traités comme la Cavalerie, tant pour les Officiers que pour les Cavaliers.

XXII.

Huffards & Hongrois à Cheval.

Les Huffards & Hongrois à Cheval, tant Officiers que Cavaliers, feront traités comme la Cavalerie.

· XXIII.

Dragons, Croates, Efclavoniens, Rafciens ou Illiriens.

Le Colonel, Lieutenant-Colonel, Major & Capitaine, ne payeront leur rançon que fur le pied de ceux de Cavalerie. Les Officiers au deffoûs du Capitaine, jufque aux fimples Dragons, Croates, Efclavoniens, Rafciens ou Illiriens inclufivement, payeront comme l'Infanterie.

XXIV.

Les Regiments & Troupes de Milices des Dragons des Alliez, feront traités comme le refte des Dragons, tant pour les Officiers que Dragons.

XXV.

XXV.

INFANTERIE.

	Florins d'Allemagne
Colonel d'Infanterie	600.
Lieutenant - Colonel	300.
Major	120.
Quartier - Maître du Regiment	30.
Auditeur	30.
Proviant - Maître	15.
Wagen - Maître	15.
Prevost du Regiment	15.
Capitaine	70.
Lieutenant	24.
Enseigne	20.
Sergents, ou Feld - Weible	10.
Caporal, Fourrier, Müster - Schreiber, Tambours, Fiffres, Fourrier- Schütz, & simples Fusiliers, payeront	4.

XXVI.

Les Regimens de Milice, ou Troupes d'Infanterie des Alliez, seront traités comme l'Infanterie, tant pour l'Officier que pour le Soldat.

XXVII.

Les Hongrois, Esclavoniens, & Croates, Rasciens ou Illiriens à pied, tant Officiers que Soldats, seront traités comme l'Infanterie.

XXVIII

ARTILLERIE.

Colonel d'Artillerie	700.
Lieutenant - Colonel	300.
Zeug - Lieutenant	100.
Ober - Hauptmann	80.

Haupt-

Hauptmann . . . . 70.

Les Commiffaires & autres Officiers de l'Artillerie, Charrons, Ouvriers, Bourreliers, Conducteurs, Chartiers, Artificiers, Canonniers, Marechaux, & autres Officiers de ladite Artillerie, payeront un Mois de leurs folde.

XXIX.

INGENIEURS.

Tous les Ingenieurs en Chef, Servants dans les Armées ou Places, payeront . 75.
Les autres Ingenieurs . . . . . . 50.
Les Entrepreneurs . . . . . . 25.

XXX.

Compagnie des Mineurs.

Les Officiers & Soldats payeront un Mois de leur Solde.

XXXI.

Compagnies Franches, à Cheval & à Pied.

Les Officiers, Cavaliers, Dragons & Soldats desdites Compagnies Franches, feront échangés & rançonnés de même que la Cavalerie, Dragons & Infanterie des Alliez.

XXXII.

Les Gouverneurs, Commandants, Lieutenans de Roy, Majors, Aides-Majors, Capitaines des Portes de Place, payeront de part & d'autre, pour leur rançon, un Mois de leurs appointemens ; & s'il arrive qu'is ayent d'autres Charges dont ils tirent actuellement des appointemens plus hauts, payeront fur le pied de ladite Charge ; & d'autant qu'aucuns Lieutenans de Roy, Commandans ou Majors de Places, ne tirent aucuns appointemens en cette qualité, leurs rançons feront reglées fur le pied de la plus haute Charge qu'ils exercent.

D

XXXIII.

Tous ceux qui exercent differentes Charges, payeront leurs rançons fur le pied de la plus haute Charge qu'ils poffedent , & à proportion d'icelles, feront échangés ou payeront leurs rançons fur le pied qu'il eft dit, fans que de part ou d'autre on puiffe repeter à un Officier fait prifonnier, un échange, ou une rançon plus forte que fur le pied du grade dans le quel il eftoit employé à l'Armée ou dans les Places.

XXXIV.

Tous autres Officiers qui pourroient avoir été oubliés dans ce Cartel, feront relâchez dans quinze jours, en payant un Mois de leurs appointemens; & s'il y avoit quelques conteftations touchant la qualité ou appointemens de quelques Officiers Prifonniers, on s'en rapportera de part & d'autre au certificat du General de l'Armée, ou Commandant de la Province, ou du Gouverneur de la Place la plus voifine.

XXXV.

Tous les Officiers reformés, ne payeront qu'un Mois des appointemens dont ils joüiffent.

XXXVI.

Les Volontaires fervant dans les Armées, qui n'auront aucun Grade, feront renvoyés de part & d'autre fur le Champ, & auront la liberté de continuer à fervir dans les Armées ou ils font attachez; mais ceux qui ont des Grades, feront échangés comme les Troupes defdites Armées.

XXXVII.

Le Prevôt General, fes Lieutenans, & autres Officiers & Gardes de la Connetablie, l'Auditeur General, fon Lieutenant, le Staabs-Auditeur & autres; les Directeurs, Secretaires & Chancelliftes des Chancelleries de Guerres, Secretaires des Generaux & Intendances, des Trezoriers, du Commiffariat General , & autres Secretaires; les Aumoniers, Miniftres, Maîtres des Poftes, leurs Commis, Courriers & Poftillons; Medecins, Chirurgiens, Apoticaires; Directeurs & autres Officiers Servants dans les Hopitaux ou Armées; les Ecuyers, Maîtres d'Hôtel, Va-

lets

ts de Chambre & tous autres Domeſtiques, ne ſeront point ſujets à eſtre faits Priſ-
ɔniers de guerre, & ſeront renvoyez le plus toſt poſſible.

XXXVIII.

Les Valets faits Priſonniers, ſeront renvoyés de part & d'autre ſans aucune
diſficulté ; ceux qui deſerteront ſans avoir pris ni volé dans l'Armée qu'ils quitte-
ront, pourront jouir du Paſſeport qu'on voudra bien leur accorder. Par rapport
aux Voleurs, le vol doit toujours eſtre reſtitué, ſans les renvoyer; mais les Generaux reſpectifs ſeront toujours les maitres de le faire, en cas de meurtre ou d'aſ-
ſaſſinat.

Quant-aux Vols faits par les Soldats Deſerteurs, ils ſeront reſtitués, ſans qu'on
puiſſe exiger le renvoy desdits Deſerteurs, ſoûs quelque pretexte que ce ſoit; s'en
remettant de part & d'autre à la volonté reſpective des Generaux, pour les Deſerteurs qui auroient commis des meurtres ou autres crimes.

Tous Deſerteurs, Domeſtiques ou autres qui paſſeront d'un party à l'autre,
ſeront arretés aux premiers Poſtes, où le Commandant aura grande attention de les
faire foüiller, & de faire mettre par écrit les effets dont ils ſeront munis ſans per-
mettre qu'ils puiſſent rien vendre ni donner; après quoy, il les fera conduire à
ſon General, où lesdits Deſerteurs, Domeſtiques ou autres, ſeront detenus pen-
dant trois Jours, afin que s'ils ſe trouvent eſtre voleurs, on puiſſe, de part &
d'autre, avoir le tems de les reclamer.

XXXIX.

Les E'changes & Rançons des Priſonniers, tant dans le premier, que dans les ſui-
vants, ſe feront Homme, pour homme & Officier pour Officier à Charge égale, jusques
à ce qu'il ne ſe trouve plus de Priſonniers dans les Armées ou dans les Priſons. Et
après que tous les échanges auront eſté faits de tout ce qui ſe trouvera d'Officiers
pour Officier, & de Cavaliers, Dragons & Soldats, pour autant d'Hommes de
ſemblable eſpece, s'il ſe trouve à lors que l'un des deux partis ait de reſte plus
d'Officiers que de Soldats, ou plus de Soldats que d'Officiers, il lui ſera permis de
donner des Officiers pour des Cavaliers, Dragons ou Soldats, ſuivant le Tarif in-
ſeré dans le preſent Cartel. Et après que tous les échanges auront eſté faits en la
maniere ci-deſſus, ſi l'un des deux partis ſe trouve avoir des Priſonniers de reſte
qui n'auront pû eſtre échangés, l'autre parti pourra les retirer en payant leurs ran-

çons;

çons; & pour cet effet il fera donné de part & d'autre, un Etat de la quantité
& qualité des Priſonniers qui auront eſté faits, tant dans les Combats & rencon-
tres, que dans les Villes, Châteaux & Places qui auront eſté Priſes.

XL.

Qu'il ne fera donné que la ration de Pain à chaque Priſonnier de Guerre
dans les Armées Belligerantes & Auxiliaires, telle que lesdites Troupes la reçoi-
vent; qu'il fera permis refpectivement de leur envoyer des ſecours; & dans les
lieux de depôts desdits Priſonniers, il fera libre à chaque General Commandant
les Armées, d'y faire tenir un Officier ou Commiſſaire des Guerres, avec un Paf-
ſeport, pour pourvoir aux Secours qu'il fera donné aux Priſonniers.

Il fera fait un decompte chaque Mois, du Pain qui aura eſté donné aux Priſonniers de part & d'autre, pour que celuy qui fera redevable à l'autre, ait à le
rembourfer fans difficulté, & le Pain qui fera excedent, fera payé à raiſon de deux
Kreutzers, ou Vingt deniers de France, la ration. Promettant reciproquement de
mettre les Priſonniers dans des lieux honnêtes, avec de la bonne paille qu'on aura
ſoin de rafraichir de huit en huit jours.

XLI.

Qu'on prendra ſoin des bleſſés de part & d'autre; Qu'on payera les medica-
mens & leurs nourritures; Que les frais feront reſtitués de part & d'autre; Qu'il
ſera permis de leur envoyer des Chirurgiens & leurs Domeſtiques, avec des Paſſeports des Generaux; Qu'au fur plus ceux qui auront eſté faits Priſonniers, auſſi
bien que ceux qui ne le feroient pas, feront renvoyés fous la protection & fauve-
garde des Generaux, avec liberté d'eſtre tranſportés par eau ou par terre, ſuivant
la plus grande commodité & convenance des lieux où l'on fera; à condition toutes-
fois que ceux qui ont eſté faits Priſonniers, ne ferviront pas qu'ils ne foient échangés.

XLII.

Que les malades, de part & d'autre, ne feront point faits Priſonniers; qu'ils
pourront reſter en fureté dans les Hôpitaux, où il fera libre à chacune des parties
Belligerantes & Auxiliaires, de leur laiſſer une Garde, laquelle, ainſi que les malades, feront renvoyés fous des Paſſeports refpectifs des Generaux, par le plus
court Chemin, & fans pouvoir être troublés ni arrêtés.

Il en sera de même des Commissaires des Guerres, Aumôniers, Medecins, Chirurgiens, Apoticaires, Garçons infirmiers, Servants, ou autres personnes propres au service des Malades, lesquels ne pourront estre faits Prisonniers & seront pareillement renvoyés.

XLIII.

Les Sauve-Gardes jouiront, de part & d'autre, d'une entiere sûreté, & dans le cas ou elles se trouveroient trop prés des Armées, elles seront renvoyées, sans qu'il leur soit fait aucune violence ni mauvais traitement.

XLIV.

On ne forcera en aucune maniere les Prisonniers à s'en roller.

XLV.

Il sera permis aux Prisonniers de donner avis de leur detention, par une Lettre ouverte.

XLVI.

Il sera accordé, de part & d'autre, des Passeports aux Maîtres-d'Hôtels des Generaux, pour aller chercher des Provisions, à la condition qu'ils n'approcheront pas des Places fortes & des Armées respectives, plus prés de deux lieües.

XLVII.

S'il arrivoit qu'il y eut quelque Officier dont la rançon ne fut pas reglée par le present Cartel, ou qu'il sur vint quelque Difficulté, on en conviendra de part & d'autre, & ce qui sera resolu sera observé & tenu pour estre inseré dans le present Traité, suivant les Certificats qui en seront donnés par les Generaux des Armées, ou les Gouverneurs & Commandans des Places.

XLVIII.

Et pour plus grande assurance de l'execution du present Cartel, Nous avons envoyé les Articles ci-dessus aux Chefs des Armées Belligerantes & Auxiliaires;

&

& aprés en avoir obtenu la ratification, Nous avons figné le prefent Traité, & y avous mis le fceau de Nos Armes, lequel fera de pleine Valeur, pour eftre inviolablement obfervé, tout ainfi que fi il eftoit figné de leurs Majeftés, & de leurs Generaux Commandans leurs Armées. Fait à Francfort fur le Mayn, le dix huitieme du Mois de Juillet mil fept cent quarante trois. *Signés*, HENRY FRANCOIS COMTE DE SEGUR, CHARLES URBAIN COMTE DE CHANCLOS, MICHEL FERDINAND d'ALBERT d'ALLY DUC DE PICQUIGNY, ET GUILLAUME COMTE d'ALBEMARLE.